가슴에 피는 지팡이

화남의 시집 033

가슴에 피는 지팡이

류명남 시집

화남

| 시인의 말 |

폐부 깊숙이 더운 입김 불어, 凍土의 응어리 풀어주는 봄볕이 경이롭다. 단단한 꿈의 껍질 벗겨 희망의 새싹 틔우고야 마는 빗방울이 눈물겹다.

차디찬 지하방에서 석 달 열흘은 넘게 가슴앓이 했을 그들의 번뇌는 아랑곳하지 않고 꽃에만 관심 뒀던 나 자신이 부끄럽다. 이제 세상을 心眼으로 바라보며 영안靈眼을 키워야겠다. 삼라만상과 소통하기 위해 전화번호부터 입력해야겠다.

만시지탄이나 글을 쓰게 된 것은 하느님이 주신 최고의 선물이다. 이제 수천 미터 심저心底에서 문맥을 찾아 원석을 캐 올릴 것이다. 그리고 갈고 닦아 반짝이는 금모래가 될 것이다. 박학薄學의 밑천으로 탈고하고 보니 부끄럽기 그지없다.

그동안 깊은 관심과 아낌없는 가르침 주신 유성호 문학

평론가 한양대 교수님, 이재무 교수님, 공광규 한국작가회의 사무총장님, 이외수 소설가 선생님, 고려대학교 서태열 교수님, 김순진 교수님, 신현정 교수님, 화남출판사 방남수 사장님, 늘 옆에서 많은 도움 주신 문우님들과 벗님들께 깊은 감사를 표한다.

2012년 5월 고려대학교 중앙도서관에서

류명남

차 례

제3부

제4부

제5부

해설

제1부

오케스트라

봉숭아 백일홍 채송화
단원들, 어두운 지하방에서
석 달 열흘은 손발을 맞췄을 거야
첼로 바이올린 트럼펫
정명훈 지휘에 맞춰 미친 듯이 연주했을 거야
그러지 않고서는
저 환상의 하모니 이룰 수 없었을 거야
꿈의 무대에 오를 수조차 없었을 거야
산천초목들의 기립박수를
받을 수 없었을 거야

어깨동무한 새싹들 재잘댄다

버선발로 뛰다

겨우내 애타게 임 그리다
립스틱도 못 바르고 뛰어왔어요

몽실몽실 가슴마다
마디마디 사랑 묶어
가지가지 걸어놓으려
밤새 뛰어왔어요

더 있다 가라는 말은
제발 하지 마세요
급히 떠나야만 해요

작년에도
목련 언니 수다 듣다가
비바람이 어떻게나 흔들어대던지
개똥밭에 떨어지고 말았거든요

어찌나 그리운지
민낯에 버선발로~

집념

혓바닥 얼얼토록
폐부 깊숙이 입김 불어
잠긴 춘심의 빗장 푼다

두 주먹 피멍 들도록
땅바닥 두들겨
꿈의 재잘거림 듣는다

발바닥 부르트도록
뛰어다니며
새싹들 잠을 깨운다

보석 같은 사랑
끄집어내고야 마는
봄볕이 경이롭다

동장군 팬티 물고 다니는

봄볕이 풍선처럼 가볍다

화신花信

속치마
보일 듯 말 듯
살랑살랑 동산 내려온다

꽃신에 밟혀
화들짝 놀란 겨울 꼬리
산등성이 바삐 넘는다

칡넝쿨 밑에
납작 엎드렸던 산토끼
달빛에 젖은 꿈 말린다

버들강아지
졸졸 시냇물에
몽실몽실 연서 띄운다

개나리

겨울이 흘리고 간 눈물만 먹고도
아무리 빨아도 탈색되지 않는 옷
샛노란 저고리 한 벌 걸치신 나리 양반

빈자리

부모님 돌아가시고
자식 둥지 떠나고
마누라 친정 가고

밥상머리
침묵들만 옹기종기
모여 앉았다

김빠진 김에다
돌덩이처럼 굳어버린 고독
둘둘 말아
젠장 찍어
목구멍으로 밀어 넣는다

하품하던 고등어 돌아눕고
살살 눈치 보던 멸치
눈만 껌뻑거린다

냉장고에서
먹다 남은 소주병 꺼냈지만
빈 병이다

출출했던 냉장고가
다 마셨나 보다

오늘 밤 술은커녕
냉장고 잔소리만
잔뜩 듣게 생겼다

병든 병

투명한 소주잔에
선명한 그리움 자꾸 고인다
마시면 또 고이고
벌써 열 잔째다
이상하게 취하지 않는다
아예 그리움이 병을 들고 일어선다
병 나팔을 불어도 멀쩡하다
이미 녹아버린 애간장으로
누주漏酒 현상이 심각한 상태다

나 소주병 들고
그리움 소주병 들고
나 그리움 병들었나 보다

폭행사건

언덕 위에 하얀 집이
그렇게 아쉬웠던지
들락날락 거리던 겨울
이삿짐 풀던 봄에
멱살 잡힌다

화, 들 풀린 봄
웽겅뎅겅 닥치는 대로
막 집어던진다

영문도 모른 채
울 밑에서 졸던 햇살
날아온 냄비뚜껑 맞고 기절

봄은 폭행치상죄로
법정에 섰다
법정은 쥐 죽은 듯 조용했고

재판장의 준엄한 판결이 내려졌다

피고 봄의 행위는 괘씸하나
초범이고 많이 뉘우치고 있으니
징역 1년을 선고하되
그 집행을 2년간 유예하고
3년간 양로원 자원봉사를 명한다

봄의 성질 건드린 원고 겨울도
그 책임이 아주 없다 할 수 없는바
벌금 천만 원에 처한나

올봄은 아무래도 좀 늦을 것 같다
아직도 청소 중~

도봉산으로 간 붕어

망월사 처마 끝에
붕어 한 마리
얼마나 수행修行 했는지
심근心筋이 강철 같구나

출가出家할 때
제까짓 게 했는데
물 없는 산중에서도
끄떡없는 걸 보면
득도했나 보다

댕그랑댕그랑
허구한 날
미움 욕심 비우니
곧 나풀나풀 날겠구나

한 마리 나비로

부처님 오신 날

똑딱똑딱 목탁소리
가지마다 초록 손
참선이 한창이네

불심으로
곱게 핀 연등
승무 한창이네

바랑 멘
물 새 바람
걸음을 재촉하네

해탈

나도 한땐
바위처럼 제법 덩치 있었네
억만년 세월의 무쇠주먹에 쌍코피 터지고
늑골 대퇴부 부서져 산산 조각났네
그래도 거센 파도에 엎어지고 자빠지며
깊고 넓은 지혜 쌓았네
뭇사람 발길질에 차이고 밟히며
인내하는 법도 배웠네
작아질수록
크게 깨달을 수 있다는 진리
구름먼지 되서라도
하늘의 이치를 알고 싶었네
오늘도 거센 파도에
아낌없이 두 뺨 내주네

철 써 덕~ 철 써 덕~

그분과의 약속

춥고 배고픈 자에게
따스한 밥 한 그릇
준 적 없습니다

힘들고 아플 때만
기도드렸습니다

이순이 넘도록
미움 욕심 비우지 못했습니다

그래도
때 묻은 제 손
한 번만 잡아 주시겠습니까?

어둠을 밝히는
한 마리 반딧불이라도
되겠습니다

오줌싸개 하나님

번개 번쩍
천둥 우르르 쾅쾅
아이고, 깜짝이야
밖에 비 온다

뜬기는 날

머리 쥐가 뜬고
가슴 그리움이 뜬고
속 막걸리가 뜬고
껍데기 모기가 뜬고

아침에 일어나보니
뼈다귀만 추려났구나
나 살았나? 죽었나?

기우杞憂

여름내 퍼붓고
툭하면 천둥 번개 때려
죄다 실종된 들녘

저 육중한 가을
누가 끌고 가나
걱정했는데

단단한 근육질의 햇살
먹구름 헤집더니
굵은 완력으로
제법 끌고 가는구나!

제2부

詩

그가 하늘에 있을까
하늘을 바라보았다
대낮이라 그런가
전혀 안 보인다
망원경으로 보았다
또 안 보인다

머리를 빨래처럼
바짝 비틀어보았다
그래도 안 보인다

머리를 북어처럼
방망이로 두들겨보았다
그래도 안 보인다

머리를 탬버린처럼
마구 흔들어보았다

뭔가 보이기 시작한다

뿌옇게 보이기 시작한다
이내 캄캄한 어둠이 되고서야

와~
별의별 별이 다 보인다
시는 밝음을 붙들어 매는
어둠인가보다

달인

그는 工大는커녕 工高도 안 나왔다
그러나 일류 건축가답게
수천 개의 6각형 방을
한 치의 오차도 없이 짓는다

워낙 풍광이 명미한 대다
수만 송이 꽃으로 도배했더니
경쟁률이 무려 100대 1

겨우내 벌벌 기다가
봄철 내내 벌벌 바쁘다

월척

뺑 뚫린 그물망
밤새도록 꿰매
허공 깊숙이 던진다

벌써 며칠째
참이슬로 목만 축였다
오늘 허탕치면
굶어 죽을 판이다

요기라도 하게
똥파리라도 걸렸으면

땅거미 어슬렁어슬렁
산기슭 기어 내려올 무렵
찢어질 듯 그물망 출렁거린다

와~

드디어 월척이다

그 뒤로
보름달은 뜨지 않았다

하루살이

하루가 평생이라
학교 취직 그런 거 필요 없고
미움 욕심 아예 없다

하루만 착하게 살면
지옥 갈 일도 없고
모기처럼 도혈盜血하다
맞아 죽을 일도 없다

가훈
하루를 살더라도
똥파리처럼 지저분하게
살지 말자

소원
비행기 타고
1박 2일 여행 좀 가봤으면

경험이 중요해

동해시청 근무하던 명태가
명퇴하고 평소 꿈이었던
생태전문 식당을
고향인 주문진에다 차렸다

경험도 없는데다가
요리솜씨까지 엉망이니
장사가 될 리가 만무
아예 주문도 없다

간판을 동태전문으로 바꿔
동태를 살펴봤으나
손님반응은 싸늘했다

간판을 황태 해장국으로 바꿔
대관령으로 옮겼으나
대관절 세 주고 나면 남는 게 없다

고민 끝에

노가리 전문호프집을

노가다 현장에 차렸더니

노다지더라

제자리

만고풍상에
갈대 허리 부러지더니
아버지 허리마저 꺾였다

갈대는 갈 데가 없고
아버지는 가도 가도 제자리~

여보시게!

이사 온 지 얼마 됐다고
벌써 떠나셨는가
동네에서 꽤 인기도 있고
잘못한 것도 없는데 야반도주하셨는가
자네에게 신세 진 것도 있고 해서
술이라도 한 잔 대접하려 했는데
겨울 나그네 오시는 편에
엽서라도 한 장 보내시게나
밑에다 주소, 전화번호 적어서 말일세
이왕 가시려면 횅하니 떠나시게나
서산마루 걸터앉은 석양이란 여인네가
돈 좀 있어 보이는 나그네만 보면
벌건 앞가슴 다 풀어헤쳐 놓고
그렇게 유혹을 한다네
작년 이맘때 자네 사촌 형 만추晩秋도
홍시같이 말랑말랑한
그 붉은 젖가슴에 홀렸다가

된서리만 맞고 콜록콜록 떠났다네

연쇄방화범

淸 夏는 아직 청청하건만
이 산 저 산 웬 불길인가
능선 따라 빨간 불똥 뚝뚝 떨어진다

서산마루 주막에
호롱불 걸릴 무렵
어슬렁거리는 수상한 놈
봤다는 목격자 있으나
회색빛 땅거미 속으로 사라진 뒤라
심증 있으나 물증 없는 상태

지난번 전세금 인상문제로
세입자 夏 선생하고 언쟁이 잦았다는
집주인 秋 사장을 가장 유력한 용의자로
추정秋情만 할 뿐?

나녀裸女

바스락 바스락 옷을 벗는다
붉은 치마 얇은 내의까지

그녀는 속옷까지 다 벗고서야
차디찬 나체로
동남冬男을 맞는다

바람난 바람이 윙윙
주위를 맴돈다

훼방꾼

시 몇 알 건지려
꼭두새벽 허공 깊숙이 붓 댔으나
심술궂은 삭풍 발길질에
마음조차 날아가 버렸다

붓글씨 좀 쓰려던 억새도
억세게 재수 없이
허리만 꺾이고 말았다

입동立冬

잠시 검문 있겠습니다
입동검문소 류 소장이요
면허증 좀 봅시다
제기랄 내가 뭘
당신 술 마셨지, 내가 무슨?
얼굴이 홍당무잖아
오늘 생일이라
딱 한 잔만 했거든요
딱 한 번만 봐주시면?
이 양반 작년에도 생일이라더니

당신을 음주운전과
강제로 남의 옷裸木 벗긴
성 추행범으로 체포하겠소

가슴에 피는 지팡이

굽은 허리 더 접어
머리까지
밭고랑에 묻으시네

눈물로 틔운 사랑
아리게 피네

잔뜩 굽은 지팡이
아리게 피네

6남매 가슴마다
봄부터 겨울까지~

기다림

바쁜 건지
전화기가 병이 난 건지
통 소식 없네

견디다 못한 그리움
울타리 넘다가
낡은 거미줄에 걸려
파닥거리네

훨훨 날던
애틋한 사랑의 날개도
이젠 다 부러졌네

입 꼭 다물고는
몇 달째 말이 없네
전화기는~

두 물음표

마루 밑 고무신
두 ??표로
나란히 앉으셨네

아랫목 두 발
두 ??표로
나란히 누우셨네

마침내 그분은
두 ??표 다 지우시고
마침표 꾹 찍으셨네

제삿날

육남매 뜨거운 눈물 붓고
질긴 천륜의 줄기 뽑아
단단한 흙벽돌 찍었다

텃밭 머리에
두 칸짜리 황토방
정성들여 만들었다

단발머리 지붕에
거실 주방 화장실
TV 냉장고 전화 없다

일 년에 두 번
외출하시기에
창문은커녕 대문도 없다

할 일 없는 낮달만

우두커니 서 있을 뿐
항상 조용하다

그러나 오늘은
그 황토방 분주하다

여보, 서둘러요
애들이 기다리잖아요!

제3부

팔자소관

구사일생으로 살아남아
시집詩集갈 땐 좀 설레었지

어떤 년은 신랑 잘 만나
책방에 편히 앉아
이어폰 꽂고 클래식 듣는데

나 같이 재수 없는 년은
전철 유리벽에 걸려
지독한 냄새나 맡는 신세

웬 놈이 자꾸 쳐다보기에
문학 공부 좀 했나 했지

유리창에다가
주둥이 쭉 내밀더니
이빨만 쑤시고 가더라

어이구, 내 팔자야~

펭귄 여사

남극 아닌 남해에서
펭귄 여사 모셔왔다
35년 전이나 지금이나
작달막한 키, 배 볼록 그대로다
눈만 오면 도봉산을 찾는다
배 쭉 내밀고서는
짧은 팔 휘저으며
뒤뚱뒤뚱 산을 오른다

워낙 다리가 짧은데다가
자꾸 미끄러져
죽고 살기로 오르지만
도로 제자리다

해질 무렵
꽁치 한 마리 입에 물고
뒤뚱뒤뚱 집으로 돌아온다

꽁치구이 저녁밥 상이
뒤뚱뒤뚱 앞으로 걸어온다

바늘과 실

면목동에는
1호점 명수네 2호점 동엽네
늘 푸른 마트가 있다
명수는 바늘이고 동엽은 실이다

실 손에 가시만 박혀도
바늘은 쪼르르 쫓아가 뽑아주고
바늘이 조금만 슬퍼도
실은 쪼르르 쫓아가 밤새 술퍼 준다

실에는 바늘이 가스 명수
바늘에는 실이 여보다

둘은 항상 불자동차처럼
콧구멍에 코를 틀어박고
대기중이다

정상頂上

울 밑에 깊숙이 묻힌 호박씨
눈물 콧물로 엄마만 찾다가
토닥토닥 빗방울 자장가에
촉촉이 잠든다

잠 깬 새싹
두툼한 꿈의 문
제법 들썩인다

햇살 주문呪文으로
꿈의 문 열리면서
아장아장 걸어 나온다

엄홍길 등반하듯
떨리는 고사리 손으로
힘껏 울타리 감는다

지붕 위로
로프 던져보지만
아직 어림없다

말라비틀어진
엄마 등줄기 부여잡고
천신만고 끝에 정상 오른다

와~
온 세상이 발밑이다

달리는 김밥

새벽마다
달리는 김밥 속이 되기 위해
줄을 서야만 한다

방귀를 픽픽 뀌면서
성북역쯤 가게 되면
배가 빵빵해진다

결국 우려했던 대로
청량리역에서
옆구리 터지고 만다

빨간 당근, 노란 단무지
초록 오이, 하얀 밥알들이
총천연색으로 흩어지면서
배가 홀쭉해진다

속이 빈 그놈은
종로 김밥을 만들기 위해
닥치는 대로 또 먹어치운다

그놈의 속이 되기 위해
나는 줄을 서야만 한다
내일 새벽~

기적소리

칙칙폭폭 딸랑딸랑
고요한 적막을 깨며
시속 200km로 달리던 기적 소리
죽을병에 걸렸는지
숨만 헐떡거린다

광란의 몸짓은 간데없고
코끼리 하품하듯
옆구리로
한숨만 푸푸 내쉰다

365일 허구한 날
칙칙폭폭 딸랑딸랑 댔으니
기가 막히고 코가
막혔던 모양이다

기관지염에다가

충치가 심해
당장 치료하지 않으면
생명에 지장이 있다는
의사의 소견서가 나왔다

기관지는 쉽게
치료됐는데
치아는 너무 상해
틀니를 끼워야만 했다

퇴원하자마자
주방에서 창문을 뛰어넘더니
도봉산으로 내달린다

칙칙폭폭 딸랑딸랑～

화려한 외출

경품으로 받은 자전거
베란다 2년 보관소 3년
덕지덕지 외로움에다
애정 결핍으로 피골이 상접

폐기해야겠다는
통보가 왔다
노숙자 같아
가슴이 아렸다

뽀얗게 목욕시키고
골다공증이 심했던 관절에
윤활유를 듬뿍 발라줬더니
빙그레 웃는다

파고드는 신바람이
마구 후려친다

가슴팍을~

중환자

헐레벌떡 뛰어온 봄
콜록콜록 햇볕 깔고 눕는다

흡연 매연으로
독감에 걸린 모양이다

강과 산들은
이미 입원 절차를 받고 있다

산소 호흡기 꽂은 해와 달이
들것에 실려 들어온다

당직 의사가
다급하게 전화를 받는다

빨리 좀 와 주셔야겠어요
구가 생명이 위독하거든요?

누가라고요?

구가요 구가~

네 바로 출발할게요

아니 멀쩡하던 지구가 왜 갑자기?

주목을 주목한다

수 천 년
만고풍상에
목 팔다리 잘리면서
켜켜이 감겼던
나이테 풀어헤친다

큰 깨달음 하나 얻겠다고
썩어 문드러지진 몸뚱이마저
태백의 천제단에 바친다

가지마다 허옇게
미움, 욕심 뭉쳐놓고는
또 묵언 수행
비우면서 커지는
주목을 주목한다

눈사람

뜨거운 건 딱 질색
아무리 배가 고파도
라면 같은 거 안 먹거든

아이폰 컴퓨터도 딱 질색
메시지 보낼 놈도 없고
채팅할 년도 없거든

겉 희고 속 검은 놈 딱 질색
나처럼 겉 속 하얀 놈 없어
안 사귀고 안 만나거든

비 오는 거 딱 질색
눈에서 닭똥 같은 눈물
뚝뚝 떨어지거든

겨울 강

빨랫방망이 소리
물장구치던 소리
투명하게 얼려 놓았다

바쁘다는 세월까지
꽉 잡아놓고
옛이야기로
질긴 밤 지샌다

두툼한 돋보기 끼고
세월이 할퀴고 간
상처 꿰매다가
호호백발 된다

겨울 강은
그렇게
봄을 잉태하는 중이다

보리밥 한 덩이

어렸을 적
토끼몰이하자는 명철 형 꾐에
허리까지 빠지는 눈 속
온종일 헤매다가
길을 잃고 말았다

어둡기 전에
하산해야 한다는
명철 형의 닦달에
꼬르륵 배 움켜쥐고
허둥대다가
높은 벼랑으로
떼굴떼굴 굴러 떨어졌다

정신차려보니
도망치던 토끼하고
같은 다래 넝쿨에

걸릴 줄이야?

토끼는 그냥 주웠는데
온종일 굶어
한 발자국도
움직일 수가 없었다

보다 못한 명철 형
먹을 거라도 구해 본다며
마을로 뛰어 내려갔다

어둠은 점점 나를 포위했고
칼바람은 사정없이
두 뺨을 후려쳤다

울며불며 눈물 콧물만
쭉쭉 빨고 있는데

명철 형이
구세주처럼 나타났다

가슴속에서 꺼내는
보리밥 한 덩이
울컥, 목구멍에
걸리고 말았다

곰

봄, 여름, 가을 둘둘 말아
굴속에다 똬리 틀어 놓고
곰곰이 사색에 빠진다
세상은 깊고도 넓은데
왜 나는 미련한 곰처럼 살았을까?

월아

가면 올 줄도 알아야지
어떻게 앞만 있고 뒤는 없더냐
굽이치는 강물에 휩쓸리더니
지금쯤 남극 만년설 녹여
눈물만 흘리고 있더냐

태평양서 연어 만나거든
회귀 법 좀 배웠다가
한 번 다녀가거라

이젠 자네나 나나
너무 늙어
알아볼 수나 있을는지

이 무정한 세월아~

쉿

봄, 여름, 가을 삼 남매
철따라 곱게 입히고
초중고 대학까지 가르치느라
뼛골 빠졌던 겨울
흰 이불 끌어 덮고 용꿈 꾼다

철딱서니 없는 삭풍아
웽웽거리지 마라
눈치코치 없는 까치야
우짖지 마라

저 겨울 깨면
봄도 따라 깰까 걱정이다
감기라도 걸리면
누가 새싹 틔우고
꽃 피우겠니?

제4부

피아노 연주

온종일 김장 담그다가
파김치 된 펭귄 여사
어깨, 허리 다리팔
2절 3절까지 부른다

밥 좀 얻어먹으려면 별수 있나
이리 좀 와봐요
됐네요. 이 양반이 안 하던 짓을
못 이기는 채 등을 갔다댄다
나는 피아노 연주자
펭귄 여사는 피아노
4절 5절까지 건반을 두드린다
뭉쳤던 근육이 배시시 웃는다
뿌루퉁했던 봉오리 활짝 핀다

뜨거워서 싫어요

훤한 얼굴에
마음씨 착한 그녀
아직도 시집을 못 갔다

다혈질인 그자
허구한 날 구애 해보지만
거들떠보지도 않는다

그자 작심한 듯
길목을 지켰다가
갑자기 덮쳐버린다

그녀는 결국
심한 화상을 입고
치료중이다

해도 해도 너무해 피해

그녀는 구름 속으로
급히 몸을 숨긴다

외로운 달하나가~

얼굴은 예쁜데

콕콕 찌르지만 않는다면
매혹적인 붉은 입술
훔치고 싶었는데

날씬한 허리
꽉 껴안고 싶었는데

메마른 담벼락만
끌어안고 있는
너를~

새침데기

얌전히 앉은 하얀 나비
아침햇살 콧잔등 닿기도 전에
깔깔 숨넘어간다

목 축이러 온 참새들과
재잘대다 보면
하루해가 너무 짧다

해 질 무렵
엉큼한 참새
치근덕거릴까봐

금장도 가슴에 품고
마음의 대문
빗장 지른다

새침데기 물매화

내일 또

내숭떨고 앉아 있겠지!

여유

하늘 비행기 바쁘고
땅 자동차 바쁘고
회사 아빠 바쁘고
집 엄마 바쁘고
학교 학생들 바쁘고
어제 깔고 앉은 오늘이 바쁘고

갈 건지 말 건지
느려 터져도
아들딸 많이 낳고
장수만 하더라

거북이는~

짐

꼬부랑 할머니
꼬부랑 삶을 짊어지고
꼬부랑 언덕길 나선다

꼬부랑 지팡이
꼬불꼬불 강아지 줄

꼬부랑 언덕은
꼬부랑 할머니
치맛자락 잡고 늘어진다

할머니는 강아지의 짐
강아지는 할머니의 짐
나는 마누라 짐

막걸리

엄마 젖꼭지처럼
달착지근하고
아가씨의 손길처럼
부드러운 너

외로운 놈 달래주다
주정뱅이 발길질에
갈비뼈 부러져도
입 한번 뻥긋할 줄 모르는 너

단맛 쓴맛 다 퍼주다가
개똥밭에 처박혀도
껄껄 웃기만 하는 너

그래서 그런지
너 없이는 하루도
못살겠다는 놈 많더라

너의 뽀얀 속살 때문에

오늘 밤도 수많은 놈

몸살깨나 앓겠구나

숙제

하루는 시 한 편
한해는 삼백육십오 페이지 장편소설

하느님은 누구에게나
공평하게 숙제를 내주신다

천당 가서 나머지 공부 안 하려면
과락은 면해야 하지 않겠나?

아침 하늘

하느님 걱정 많으셨나보다
담배연기 자욱한 걸 보니

하느님 고민 많으셨나보다
담뱃재 수북한 걸 보니

하느님 코감기 심하셨나보다
휴지 널브러진 걸 보니

집

해야 너는 바다로
등교하는 걸 보니
집이 동해시인가 보구나

달아 너는 서산 넘어
하교하는 걸 보니
집이 서산시인가 보구나

별아 너는 은하철도 타고
학원가는 걸 보니
집이 화성시인가 보구나

투망

그렇게 빠르다는
세월이나 좀 잡아볼까
시퍼런 하늘 바다에
투망 던졌더니

눈치 빠른 세월은
쏙 빠져버리고
잔챙이 추억 몇 마리만
걸렸구나

양짓말

나팔꽃 울타리 높이 올라
쌍나팔 불던 곳

둥근 박 초가지붕에 앉아
달아달아 밝은 달아 시조 읊던 곳

모깃불 피워 놓고
옹기종기 둘러앉아
옥수수 하모니카 불던 곳

앞집 권이 산이 뒷집 겸이
개울 건너 섭이 신작로 옆 훈이
책보 둘러메고 논두렁 내달리던 곳

엄마 품처럼 늘 아늑한 곳
내 고향 양짓말~

날아간 참새

내가 좋아하는 산은
한라산 설악산 아니고
짝꿍 정산이다

초등학교 때
땔나무 좀 해보겠다며
무작정 오르다보니 매화산 정상이었다

뱃속에서는 벌써
거지가 밥 달라고
난리 바가지다

소나무삭정이로
까치집만한 나뭇짐 꾸렸지만
꼬맹이에게는 너무 무거웠다

산비탈에다 두어 번

패대기쳤더니
그 까치는 금세 참새가 돼버렸다

어두컴컴할 무렵
사립문 들어서자
그 참새마저 날아가 버렸다

진종일
아버지 엄마 근심걱정만
짊어지고 다닌 것이다

소꿉동무

동산 올라
연분홍 립스틱 짙게 바르던

냇가에서
벌거숭이로 쌍방울 딸랑딸랑 거리던

산기슭에서
주둥이 까맣게 머루 다래 따먹던

눈밭 뒹굴다
눈물 콧물 쭉쭉 빨아먹던

지금은
그리움의 별 된 할배 할멈들~

빗나간 동심

안중근의사가 이토 히로부미에게
수류탄을 투척하듯
비장한 각오로 돌멩이를 던졌다

그 수류탄은 엉뚱하게도
장항아리를 명중시키고 말았다

장항아리는 현장에서 즉사했고
욕쟁이 할머니도 다치고 말았다

에라~ 삼십육계 줄행랑
부지깽이든 욕쟁이 할머니
우라질 놈 잡히기만 해봐라
욕을 해대며 딥다 쫓아온다

바지는 흘러내리고
고무신은 자꾸 벗겨지고

급한 나머지 콩밭으로 숨어버렸다

모기떼들이 출출한데 너 참 잘 왔다며
몸뚱이에다 빨대를 꽂아놓고는
사정없이 쪽쪽 빨아대는데
차라리 매 맞는 게 나을 뻔했다

무슨 저지레를 치고 도망 왔는지
개구리 한 마리
가슴을 벌렁거리며 나를 빤히 쳐다본다

너도 자두 따 먹으려고
그 욕쟁이 할머니 집에 돌 던졌느냐!

밀린 외상값

친구네 사랑방에서
닭서리 고스톱을 쳤다
캄캄한 그믐밤
새가슴인 나는 걱정이 태산

배짱이 두둑했던
친구 놈 방법이 있으니
걱정하지 말란다

그 친구 놈
밖으로 나가질 않고
고스톱 치던 친구네 집
뒤란으로 가는 게 아닌가?

시키는 대로 나는 망을 봤고
그 친구 놈은 능숙한 솜씨로
닭 모가지를 비틀었다

시침이 뚝 떼고는
의기양양하게 개선장군처럼
방으로 들어섰다

닭백숙으로 술상이 차려졌고
그래도 양심은 있었던지
친구아버지를 모셨다

그 친구아버지
너이나 먹지 뭘 나까지?

그렇게 우리는
해가 중천에 뜰 때까지
세상모르고 곯아떨어졌다

이튿날 뒤란으로

닭 모이 주러 가셨던 친구아버지

아니 이놈들이~

제5부

늦게 핀 꽃

아장아장 걸으며
아빠 찾을 때
그 아빠는 곁에 없었다

어린이날, 생일
입학, 졸업 때도
그 아빠는 뜬구름만 쫓아다녔다

아빠, 아들의 봄은 그렇게
몰래 왔다, 눈치만 보다가
슬며시 가버리곤 했다

무모하게 찍어놓은
발자국마다
회한이 흥건하다

늦게 온 봄이 더 반갑다

늦게 핀 꽃이 더 아름답다
늦게 맞는 아들 생일이 더 눈물겹다

그래서 더~

사랑한다 . 함부로 말하지 마라

녹아내린 눈물이
애간장 독에서
결정結晶된 소금으로
몇 됫박은 나와야
진정한 사랑이라 말할 수 있다

장날

홍천댁 춘천댁 꼬꼬댁
강아지 고양이 병아리
죄다 모여든다

돌팔이 약장수 북소리에
원숭이 재주 부리면서
분위기는 절정에 이른다

콩, 팥 좀 팔은 남정네들
대폿집 기웃거리다
여우마담 꼬리에 감겨

빵빵했던 지갑
줄줄 새는 줄도 모르고
한 잔 두 잔 잘도 넘어간다

신고산타령

똥개 짖는 소리로
그렇게 시끌벅적했던
장날은 막을 내린다

그리고 또
5일을 기다린다

탈출범

소홀한 경비망 뚫고
갇혔던 그리움들이
집단으로 탈출한다

창살 없는 감옥이 휑하다
미친놈들 가든지 말든지

인생 1

곳간에 그득했던 인생가마니
밥 해먹고 떡 해먹다보니
벌써 바닥이다

아직 살날 좀 남아
저잣거리 기웃거려봤지만
얼었다가 녹은 동태눈처럼
맛이 간 떨이 인생밖에 없더라

인생 2

인생이란
밀물 썰물 같아
어정쩡하게 왔다가
바삐 사라지는 것

물레방아처럼
돌고 돌다가
아주 돌아버리는 것

훨훨 갈매기 인생
돌돌 말린 소라 인생
아예 닫아버린 조개 인생

종로야 사랑아

펑크 난 자동차처럼
발걸음 무겁다

맥 풀린 괘종시계처럼
때가 되도 조용하다

아직 가슴 뛰고
태산도 짊어질 것 같은데

벌써 집에 가서
애나 보란다

알토란같은 종로사랑
가슴 깊이 묻었다가

그리움 철철 넘치면
보약처럼 朝夕으로 복용하리라

임명장 받던 날

엊그제 같은데~

불어터진 시간

정년퇴직하고
그 어렵다는 백수생활이 시작됐다

정확히 깨워주던 알람시계는
세상모르고 쿨쿨

지루했던 어항의 붕어들은
둥둥 햇살만 만지작만지작

갈증이 심했던 화분들은
벽의 서릿발만 주물럭주물럭

퍼질러 자빠져 자고 일어나
창문을 열어젖히니

퉁퉁 불어터진 시간들이
서로 빠져나가려고 아우성이다

고해孤海

철없던 졸졸 시냇물
겁없이 산허리 껴안으며
동강 홍천강 래프팅 즐기다보니

굽이굽이 60굽이 휘돌아
벌써 고해孤海로구나

바다는 넓고 푸르건만
고깃배 갈매기 아니 보이고
침전됐던 과오過誤들만
부유물처럼 자꾸 떠오르는구나

때 묻은 심보
진작 빡빡 빨았어야 했는데
孤海가 오해汚海할까 두렵구나

인생은

고해孤海 고해苦海라 했던가

백마강

삼천궁녀의 서린 한
천오백 년 넘게 흘려보냈건만
한 많은 찬결만 찰랑찰랑

넋이라도 달래주듯
고란사 풍경風磬소리
밤새 뎅그렁뎅그렁

낙화암에 걸린 낮달은
삼천궁녀 얼굴처럼
곱디곱기만 한데

노을빛 삼킨 백마강은
삼천궁녀 피눈물 같아
차마 바라볼 수가 없구나

강변에 흔들거리는 억새는

삼천궁녀 손짓 같아
차마 바라볼 수가 없구나

돌아온 누이

꼭두새벽 송아지 앞세우고
풀풀 먼지 날리는 이십 리 신작로 나선다
누이잔치 때문에 팔아야겠다는
아버지의 말을 송아지가 다 들은 것 같다

장터로 빨리 가자고 채찍질하는 아버지
죽어도 못 가겠다고 울부짖는 송아지
고단했던 가로수들이 짜증을 낸다

해 기지개 켤 무렵
송아지 이미 보이질 않고
아버지 왕대포 벌컥벌컥

송아지는 그렇게
낯선 김 서방에게 팔려갔고
누이는 아버지 눈치만 보다가
기생오라비같이 생긴 송 서방에게

가기 싫은 시집을 갔다

일 년도 못돼서 그 누이는
친정으로 다시 돌아왔다
가벼운 영혼으로~

책 한 권 넣어 드려야겠다

열일곱 앳된 얼굴로
북의 부모 형제 가슴에 묻고
무명 적삼 흠뻑 적시며 시집오셨던

청양고추보다 더 매운
시어머니 등쌀 못 견뎌
몇 번씩이나 강물에 몸을 던지셨던

도라지 더덕 산나물
새벽부터 밤중까지 캐다가
머리에 이고 허리에 지고
터벅터벅 이십 리 길 장터 다니셨던

침을 잘 놓으셔
체하고 놀란 동네 아이들
죄다 돌보셨던

바느질 솜씨 좋으셔
동네 혼수婚需 이부자리
도맡으셨던

이산가족 찾으시겠다고
방송국 앞에서
울며불며 밤을 지새우셨던

파란만장하셨던 삶을
늘 책으로 써 달라 시던
임의 그 방에~

늦은 안부

집 떠날 때 고추가
불긋불긋했었는데
벌써 십년이 넘었구나

꽃가마 타고 친정 아닌
텃밭머리 갈 적에
요령搖鈴 흔들며 선소리하던
네 친구(석준) 목청이
어찌나 구성지던지
눈물 좀 찔끔했단다

힘들 때 태어나 그런지
너는 그렇게 아팠단다

어느 해 겨울
별짓을 다 해도
깨어나질 않았었지

네 아버지는
이제 틀렸으니
포기하자고까지 하셨단다

냇가로 달려가 얼음을 깨고는
그 차디찬 냉수를
머리에다 마구 끼얹으며
차라리 이 어미를 데려가시고
이놈만은 살려달라고
삼신할머니께 빈 적도 있었단다

그래서 그런지
이 어미가 집 떠날 때
네가 제일 서럽게 울더라

옛날에는 네 아버지가

허구한 날 술타령에다
폭언 폭행까지 하셔서
정말 미웠었단다

어미 없는 자식이라는 소리
안 듣게 하려고
속을 태우고 태우다 보니
이렇게 까만 숯덩이 되었구나

이제 네 아버지
술 담배 다 끊으시고
얌전히, 어미 옆에서
기도만 드리신단다

너희를 위해서~

수감 중

나는 100년 형 받은 죄수

뱃속부터 엄마 힘들게 한 죄
공부 안하고 속 썩인 죄
내 탓 안하고 네 탓만 한 죄
남의 가슴 아프게 한 죄
부모님 잘못 모신 불효죄

죄질로 보면 무기형이나 사형

그래도 자식이라고 엄마 제삿날
탈옥을 몇 번 시도했으나
별의별 예리한 눈빛에다
휘영청 달빛 발길질에
번번이 실패

이제 남은 형기 사십 여 년

이대로 잘만 참회한다면
낡은 수의囚衣 벗어 던지고
훨훨 날아 천당까지 못 가겠는가?

한나절이면~

가슴 벽장

요즘 도둑이 심해
손재주 뛰어난 명록이 동생이
가슴에 벽장 하나 만들어줬다

워낙 공간이 협소해
돌아가신 부모님과
소중한 추억만 보관한다

그리움이 넘치거나
옛 생각이 간절할 때
그 벽장문을 열어본다

엊저녁
엄마가 얼마나 보고 싶던지
슬프고 술 푸다가
벽장문 열었다

어이구, 이놈아~

빨리 문 닫아 술 냄새~

해설

천진성의 감각과 기억의 깊이
— 류명남의 시 세계

유성호(문학평론가, 한양대 교수)

1. 자기 확인 과정으로서의 시 쓰기

류명남 시집『가슴에 피는 지팡이』(화남, 2012)는, 시인 자신의 남다른 자기 확인 과정을 곡진하게 담고 있다. 우리 시에 나타나는 시인과 사물 사이의 불화나 균열 양상은 그의 시에서 좀처럼 발견되지 않는다. 그는 이처럼 시인과 사물 사이의 아름다움을 노래하는 시인이다. 그리고 그러한 아름다움을 발견하는 근원적 힘은 시인 특유의 천진성의 감각과 기억의 깊이에서 온다. 그 과정에서 시인은 사물을 새롭게 발견하고 그것을 자신의 삶으로 다시 결합하는 과정을 일관되게 보여준다. 그럼으로써 자신만의 시선으로 사물을 새롭게 발견하면서 우리 눈에 포착되지 않는 주변적 존재자들을 새롭게 호명하고 있다. 이렇게 천진성의 감각과 기억의 깊이에 의해 구성되는 류명남 시인의 시적 성

과는 「自序」에서 말했듯이 "폐부 깊숙이 더운 입김 불어, 凍土의 응어리 풀어주는 봄볕"의 경이로움을 느낄 줄 아는 감각과 "세상을 心眼으로 바라보며 靈眼을 키워야" 한다는 자각 사이에서 발원하는 것이다. 이러한 웅숭깊은 시선을 수원水源으로 하여 발화한 그의 시적 성과에 대해 알아보도록 하자.

2. 감각적 구체와 활력

류명남 시집에는 비교적 뚜렷하고도 구심적인 천진성의 감각이 잘 나타나 있다. 가령 시인은 세상의 주류로 자처하는 도시 문명보다는, 세상을 가득 채우는 봄날의 활력을 통해 시간의 속살에 가 닿는다. 그럼으로써 크고 단단한 것들이 구성해온 세계에 항의하면서, 작고 부드러운 것들이 구성해내는 새로운 세계의 감각을 노래한다. 이러한 감각의 방식이 바로 새로운 생명 현상들을 돌아보고 그들에게 새로운 이름을 부여하려는 명명 욕망을 수반하는 것이다. 그 점에서 그는 근원적 의미에서 생태적 감각을 시 안에서 구현하려는 시인이라고 할 수 있을 것이다. 다음 시편을 읽어보자.

봉숭아 백일홍 채송화
단원들, 어두운 지하방에서

석 달 열흘은 손발을 맞췄을 거야
첼로 바이올린 트럼펫
정명훈 지휘에 맞춰 미친 듯이 연주했을 거야
그러지 않고서는
저 환상의 하모니 이룰 수 없었을 거야
꿈의 무대에 오를 수조차 없었을 거야
산천초목들의 기립박수를
받을 수 없었을 거야

어깨동무한 새싹들 재잘댄다

—「오케스트라」 전문

봄날 무수히 피어나는 봉숭아 백일홍 채송화는, 어두운 지하방에서 석 달 열흘 손발을 맞추어 연습한 오케스트라 단원들로 비유된다. 마치 첼로 바이올린 트럼펫을 지휘자의 지휘에 맞추어 미친 듯 연주한 존재들로 화한 것이다. 그 오랜 준비와 연습이 그들로 하여금 "저 환상의 하모니"를 이루게 한 것이라고 시인은 상상한다. 봄날이라는 "꿈의 무대"는 이처럼 시인으로 하여금 감각의 활력을 발견하게 하고 "산천초목들의 기립박수"를 받고 있는 꽃들의 연주를 듣게끔 한 것이다. 그 순간 "어깨동무한 새싹들"의 재잘거림 속에서 봄날의 환희와 감각적 구체는 완성된다. 오케스트라로 봄날 꽃들의 풍경을 묘사하고 비유한 천진성의 감각이 돋보이는 시편이 아닐 수 없다. 이러한 시선이 바로 "보석 같은 사랑/끄집어내고야 마는/봄볕이 경이롭다" 「집념」는 발견을 가능케 한 것이다. 이러한 감각적 구체와 비유의 결속은 다음 시편으로도 이어진다.

빨랫방망이 소리
물장구치던 소리
투명하게 얼려 놓았다

바쁘다는 세월까지
꽉 잡아놓고
옛이야기로
질긴 밤 지샌다

두툼한 돋보기 끼고
세월이 할퀴고 간
상처 꿰매다가
호호백발 된다

겨울 강은

그렇게

봄을 잉태하는 중이다

—「겨울 강」 전문

이번에 시인이 바라보고 있는 대상은 봄날을 잉태하고 있는 '겨울 강'이다. 겨울 강은 여름날의 빨랫방망이 소리나 물장구 소리를 투명하게 얼려 놓은 형상을 하고 있다. 그 안에서는 옛이야기들도 결빙의 상태로 밤을 새운다. 비록 세월이 할퀴고 간 상처 꿰매다 호호백발이 되었지만, 겨울 강은 새롭게 해빙하는 봄을 잉태하고 있다. 시각과 청각의 구체성 속에서 결빙과 해빙의 순리를 담아냄으로써 다가올 봄날의 활력을 예비하고 있는 시편이라고 할 수 있을 것이다. 이처럼 류명남 시편에는 동심童心에 가까운 무구無垢의 감각이 가득 펼쳐져 있다. 이 모든 것이 류명남 시인의 맑고 깊은 심중에서 발원하는 것일 터이다. 말하자면 그의 시편은 소년의 천진성과 청년의 감각으로 구성된 장년 시편이라 할 것이다.

3. 말놀이의 경쾌함과 천진성

류명남 시편들은 언어의 심연 속에서 사람과 사물이 상호 공명하면서 그려내는 파동을 담아내고자 한다. 그것은 생명 자체의 활달함을 극대화하려는 생각과 결합하여 아름다운 서정시편의 자양이 되고 있다. 이처럼 류명남 시편의 형상화 방법에는 묘사와 어조의 활달함이 깊이 잠복해 있다. 이것만으로도 이번 시집은 읽는 묘미를 한껏 선사한다. 활달한 묘사와 어조를 통해 우리 삶의 불모성을 치유하고 새로운 소통의 가능성을 꿈꾸는 것은 권장되어야 할 미덕이 아닐 수 없을 것이다. 이를 통해 우리는 우리의 몸 안팎에서 잊혀진 그리고 몸 안팎에 가득한 생명의 속성들을 복원함으로써, 시가 가지는 역설적 항체의 역할을 강렬하게 느껴볼 수 있을 것이니까 말이다. 이러한 생명의 속성은 시인으로 하여금 동심에 가까운 천진성을 가지게 하고, 그의 시편으로 하여금 말놀이(pun) 차원의 기법을 숱하게 가지게끔 한다. 다음 시편은 이러한 말놀이의 경쾌함이 일종의 해학을 동반하면서 펼쳐진 사례이다.

동해시청 근무하던 명태가
명퇴하고 평소 꿈이었던
생태전문 식당을
고향인 주문진에다 차렸다

경험도 없는데다가
요리솜씨까지 엉망이니

장사가 될 리가 만무
아예 주문도 없다

간판을 동태전문으로 바꿔
동태를 살펴봤으나
손님 반응은 싸늘했다

간판을 황태 해장국으로 바꿔
대관령으로 옮겼으나
대관절, 세 주고 나면 남는 게 없다

고민 끝에
노가리 전문호프집을
노가다 현장에 차렸더니
노다지더라

—「경험이 중요해」 전문

이 시편에는 '명태/명퇴', '동태凍太/동태動態', '생태/황태', '주문진/주문', '대관령/대관절', '노가리/노가다/노다지' 같은 일종의 말놀이 향연이 가득 펼쳐져 있다. 표면에서는 어떤 사람이 경험 없이 서투른 장사를 하다가 차

츰차츰 경험을 쌓아가면서 사정이 나아지는 서사를 깔고 있지만, 근본적으로는 말놀이 향연 자체가 시의 메시지이자 방법이 되고 있는 경우일 것이다. 이러한 원리는 '병病/甁'을 말놀이 대상으로 삼아 "나 소주병 들고/그리움 소주병 들고/나 그리움 병들었나 보다" 「병든 병」라고 노래하는 것으로도 이어지고, "겨우내 벌벌 기다가/봄철 내내 벌벌 바쁘다" 「달인」는 '벌'에 관한 경쾌한 비유로도 이어진다. 말할 것도 없이 말놀이란 경쾌하고 반복적인 리듬 속에서 사람의 기억을 돕고 나아가 일종의 해학과 풍자 효과까지 거두는 방식의 하나이다. 하지만 류명남 시인의 말놀이는 풍자적 효과로는 나아가지 않고 천진한 감각을 확인하는 경쾌한 해학에서 멈추는 효력을 지닐 뿐이다. 다음 작품들 역시 그러한 시인의 천진성이 반영된 동심의 시편들이다.

하루는 시 한 편
한해는 삼백육십오 페이지 장편소설

하느님은 누구에게나
공평하게 숙제를 내주신다

천당 가서 나머지 공부 안 하려면

과락은 면해야 하지 않겠나?

—「숙제」 전문

해야 너는 바다로
등교하는 걸 보니
집이 동해시인가 보구나

달아 너는 서산 넘어
하교하는 걸 보니
집이 서산시인가 보구나

별아 너는 은하철도 타고
학원가는 걸 보니
집이 화성시인가 보구나

—「집」 전문

시인의 천진성은 '하루'를 시 한 편으로 '한해'를 삼백 육십오 페이지 장편소설로 비유하고 있다. 하느님이 주신 공평한 시간들은 어느새 공평한 숙제로 몸을 바꾸면서 시인으로 하여금 천당 가서 나머지 공부 안 하기 위해 과락을

면하게 하는 힘으로 작용한다. 참으로 열심히 그 시간을 살아야 한다는 시인의 생각이 그 안에 잘 담겨 있다. 시간이 은총과 구속의 양면성을 가지고 있다는 점과, 그 안에서 생을 긍정하는 시인의 천진성이 잘 드러난 사례이다. 뒤의 시편은 역시 재미난 말놀이가 개입하면서 읽는 재미를 더한다. '해'와 '달'과 '별'의 생태와 외관을 비유하는 매개물로 '동해'와 '서산'과 '화성'을 떠올리고는 그 지명이 모두 우리 나라에 있는 시市 이름이라는 것을 떠올려 유추한 결실이다. 그 안에는 해와 바다, 달과 산, 별과 은하 같은 우주적 스케일의 상상력이 천진성의 옷을 입고 나타나고 있다.

이처럼 류명남 시편은 일종의 동시적 속성을 충족하는 사례가 많다. 그 안에는 천진한 시선과 함께 단순하고 소박하지만 사물과 삶의 참 이치가 되는 것을 명료하게 노래하려는 목소리가 담겨 있다. 또한 긍정적 시선을 통해 우리가 살아가는 동안 마주치게 되는 사람들이나 사물들이 가지는 부정적 속성들을 긍정적이고 화해로운 마음으로 바꾸어놓기도 한다. 그럼으로써 궁극적으로 가장 근원적인 생각을 보여주기도 한다. 이 모든 것이 류명남 시인의 깊은 마음속에서 피어나는 꿈이랄까 희망이랄까 하는 근원적인 것에 대한 관심을 보여주는 사례들일 것이다.

4. 그리움과 추억의 시간들

잘 알려져 있듯이, 서정시는 자기 기원(origin)에 대한 기억 과정을 중심적 창작 동기로 삼는다. 서정시의 근원적 존재 방식은 이처럼 궁극적으로 자기 발견을 시도하는 데 있다. 따라서 그 밑바닥에는 시인 자신이 지나온 절실한 시간이 녹아 있게 마련이다. 류명남 시편들은 이러한 서정시의 원리를 충실하게 구현하고 있는 사례로 우리에게 다가온다. 그만큼 이번 시집은 오랜 시간 시인 자신의 경험 속에 축적해온 시간들을 불러 모아놓고 있다. 재차 강조하지만, 이번 시집은 시인 자신이 살아온 날들에 대한 그리움으로 온통 수런거리고 있다. 시인은 지나온 시간 속에 머물고 있던 사람들, 사물들을 불러내 선명하게 인화된 자신의 기억들을 그 안에 담아 보여준다. 그 기억들은 그리움에 감싸인 근원적인 것들인데, 그만큼 이번 시집은 시인에게 가장 절실한 그리움의 대상이 되는 세목들로 짜여 있다 할 것이다.

굽은 허리 더 접어
머리까지
밭고랑에 묻으시네

눈물로 틔운 사랑
아리게 피네

잔뜩 굽은 지팡이
아리게 피네

6남매 가슴마다
봄부터 겨울까지~

—「가슴에 피는 지팡이」 전문

시집 표제작이기도 한 이 시편은, 자식들 가슴에 피어나는 지팡이를 제재로 삼아 어머니의 사랑을 노래한 결실이다. "굽은 허리"나 "발고랑"이라는 비유가 생전 어머니의 육신과 노동과 무게를 보여주는 것이라면, "눈물로 틔운 사랑"은 그분의 사랑을 은유하는 것이다. 여기서 눈물과 사랑이 접속하는 것은 "녹아내린 눈물이/애간장 독에서/결정結晶된 소금으로/몇 됫박은 나와야/진정한 사랑이라 말할 수 있다"「사랑한다. 함부로 말하지 마라」는 시인의 생각이 반영된 것일 터이다. 그 눈물 어린 사랑이 "잔뜩 굽은 지팡이"로 아리게 6남매 가슴마다 사철 내내 피어나고 있는 것이다. 그 사랑은 "어찌나 그리운지/민낯에 버선발로"「버선발로 뛰다」 뛰어나와 반가이 맞이하고픈 그런 사랑일 것이다. 이러한 사랑에 대한 "견디다 못한 그리움" 「기다림」을 노래하는 류명남 시편은, 자신의 원초적 기억을 향하여 시적 발화를 쉬지 않고 보내고 있다. 그 세월에 대해 아릿한 그리움과 추억을 간직한 채 말이다. 그의 이러한 세월과 추억에 대한 인생론적 해석은 다음 시편에 잘 나타나 있다.

그렇게 빠르다는
세월이나 좀 잡아볼까
시퍼런 하늘 바다에
투망 던졌더니

눈치 빠른 세월은
쏙 빠져버리고
잔챙이 추억 몇 마리만
걸렸구나

—「투망」 전문

빨리 사라져간 세월은 잡을 수 없는 것이다. 그걸 잡으려고 하늘 바다에 투망을 던졌지만 세월은 눈치 빠르게 사라져버렸다. 하지만 그 그물 안에 "잔챙이 추억 몇 마리"가

걸렸다. 그렇게 그의 시편에는 "엄마 품처럼 아늑한/내 고향 양짓말" 「양짓말」 같은 기억들이 낮게 웅크리고 있다. 그 속에서 시인은 "어둠을 밝히는/한 마리 반딧불이" 「그분과의 약속」가 되고 있는 것이다. 이처럼 류명남 시인의 목소리는 그리움과 추억에 초점이 맞추어져 있다. 하지만 그러한 그리움과 추억을 그는 우울하게 노래하지 않는다. 오히려 그는 그것을 궁극적 자기 긍정으로 전화하는 내적 계기들을 만들어놓는다. 그것은 사물들에 대한 외경과 생의 보편적 그리움을 통해 만들어진다. 그래서 그의 시편들은 자연 사물들을 보석으로 바꾸어낼 순수성과 힘을 간직한 역설의 언어로 다가온다. 그러한 순수한 미적 동경과 보석을 만들어내는 것이 바로 그리움에 감싸인 근원적 기억들일 것이다. 그 기억 속에서 그는 "깊고 넓은 지혜"와 "작아질수록/크게 깨달을 수 있다는 진리" 「해탈」를 함께 노래하는 것이다.

5. 아름다운 고백록

원래 기억이란, 지나간 시간을 현재적 사건으로 만드는 일체의 행위를 말한다. 따라서 지나간 시간을 현재적 감각으로 되살려 충만한 실재로 만드는 것이 기억의 기능이라고 할 수 있다. 이는 시간의 불가역성을 거스르는 상상적이고 역동적인 과정으로서, 시 안에서만 특권화된 시간의 재현 과정을 말한다. 모든 시인들은 자신이 살아온 시간들을 되새기고 나아가 그 시간에 대해 자신만의 고유한 의미를 부여하는데, 그것은 그 시간이 남긴 무늬가 시가 내장하고 있는 가장 중요한 내질이 되기 때문이다. 그 점에서 모든 서정시는 일종의 시간 예술이 아닐 수 없다. 류명남 시편은 이러한 의미에서의 전형적인 시간 예술로서의 속성을 보여 준다. 다음 작품은 그러한 시간 속에서 그가 만난 그리고 구성해낸 인생론적 고백이 출렁이는 시편이다.

나는 100년 형 받은 죄수

뱃속부터 엄마 힘들게 한 죄
공부 안 하고 속 썩인 죄
내 탓 안 하고 네 탓만 한 죄
남의 가슴 아프게 한 죄
부모님 잘 못 모신 불효 죄

죄질로 보면 무기형이나 사형

그래도 자식이라고 엄마 제삿날
탈옥을 몇 번 시도했으나
별의별 예리한 눈빛에다

휘영청 달빛 발길질에
번번이 실패

이제 남은 형기 40여 년
이대로 잘만 참회한다면
낡은 수의囚衣 벗어 던지고
훨훨 날아 천당까지 못 가겠는가?

한나절이면~

—「수감 중」 전문

100년 형을 받은 죄수로서의 고백은, 그 자체로 통렬한 자신의 실존적 초상이 된다. 태아 시절로부터 시작하여 유년, 청년의 시간을 지나면서 지은 죄의 세목을 시인은 느런히 고백한다. 그것은 한결같이 "죄질로 보면 무기형이나 사형" 감이다. 그렇게 중형을 언도받고 수감 중인 시인은 남은 형기 40여 년을 참회하면서 지냄으로써 궁극적으로 "낡은 수의囚衣 벗어 던지고/훨훨 날아 천당까지" 가려는 꿈을 꾼다. 이렇게 류명남 시편은 근본적으로 시간에 대한 경험의 형식으로 씌어 진다. 그래서 우리는 그의 시를 통해 서정시와 시간이 불가피한 서로의 원질原質임을 새삼 확인

하게 된다. 류명남 시편의 근간은 이처럼 지난 시간에 대한 섬세하고도 일관된 경험의 형식을 취하면서, 진한 기억의 형식을 보여주고 있다. 이러한 원형적 기억이야말로 그로 하여금 삶을 살아가게 하는 근원적 힘이 되고 있는 것이다. 말하자면 그에게 시는 "밝음을 붙들어 매는/어둠" 「詩」의 힘으로 감싸여 있는 것이다.

이제 우리는 새로운 시간을 눈앞에 둔 류명남 시인의 삶과 생각과 언어에 이러한 기억의 원질이 따스하게 번져갈 것을 기대한다. 그리고 천진성의 감각과 기억의 깊이로 구현된 이번 시집이 그러한 결절 점의 아름다운 고백록으로 남게 되기를 또한 기대한다. 가장 아름답게 이루어진 실존적 고백이자 다짐이기도 한 이번 시집으로, 그의 고단했던 시간들도 따뜻한 위안과 희망을 얻기를 새삼 기대해본다. 그럼으로써 그의 삶도 생각도 언어도 한없이 넓고 깊어져 가기를, 거듭, 소망해본다.

이 도서의 국립중앙도서관 출판시도서목록(CIP)은 e-CIP 홈페이지
(http://www.nl.go.kr/cip.php)에서 이용하실 수 있습니다.
(CIP 제어번호 : CIP2012002520)

화남의 시집 033
가슴에 피는 지팡이

2012년 6월 3일 초판 1쇄 펴냄

지은이 | 류명남
펴낸이 | 방남수
편집고문 | 김영현
편집주간 | 이승철
편집위원 | 이재무 임동확
편집 · 디자인 | 권영임 현정

펴낸곳 | 도서출판 화남
등록 | 제2-1831호(1994.9.26.)
주소 | (110-320) 서울 종로구 낙원동 58-1 종로오피스텔 513호
전화 | 3142-4787 팩스 | 3142-4784
이메일 | hwanambang@hanmail.net

ISBN 978-89-6203-089-1 03810